Hallo!

In der Geschichte findest du an einigen Stellen Profifragen zum Text.

Deine Antworten kannst du mit einem Lesezeichen überprüfen. Das findest du zum Ausschneiden auf S. 91 im Buch.

Es ist dein Lösungsschlüssel!

Aus Verantwortung für die Umwelt hat sich der Fischer Kinder- und Jugendbuch Verlag zu einer nachhaltigen Buchproduktion verpflichtet. Der bewusste Umgang mit unseren Ressourcen, der Schutz unseres Klimas und der Natur gehören zu unseren obersten Unternehmenszielen.

Gemeinsam mit unseren Partnern und Lieferanten setzen wir uns für eine klimaneutrale Buchproduktion ein, die den Erwerb von Klimazertifikaten zur Kompensation des CO_2-Ausstoßes einschließt.

Weitere Informationen finden Sie unter: www.klimaneutralerverlag.de

Weitere Informationen zum Kinder- und Jugendbuchprogramm der S. Fischer Verlage finden Sie unter: www.fischerverlage.de

Erschienen bei FISCHER Duden Kinderbuch

Fachberatung: Ulrike Holzwarth-Raether
Gestaltungskonzept und Layout:
Farnschläder & Mahlstedt, Hamburg; Michelle Vollmer, Mainz
Umschlagkonzept: Frauke Schneider, Wittighausen
Umschlaglayout: Mischa Acker, Brühl

Druck und Bindung:
Grafisches Centrum Cuno GmbH & Co. KG, Calbe
Printed in Germany
ISBN 978-3-7373-3470-9

Leseprofi

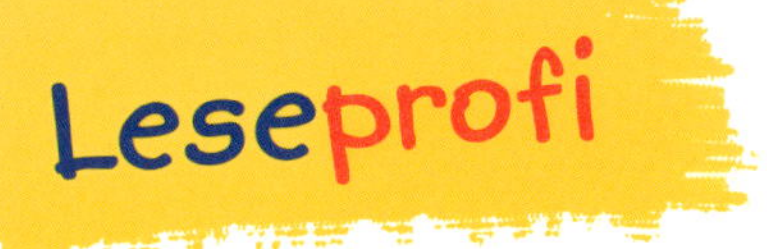

Ein Fohlen namens Schnuppe

Usch Luhn

mit Bildern von Silke Voigt

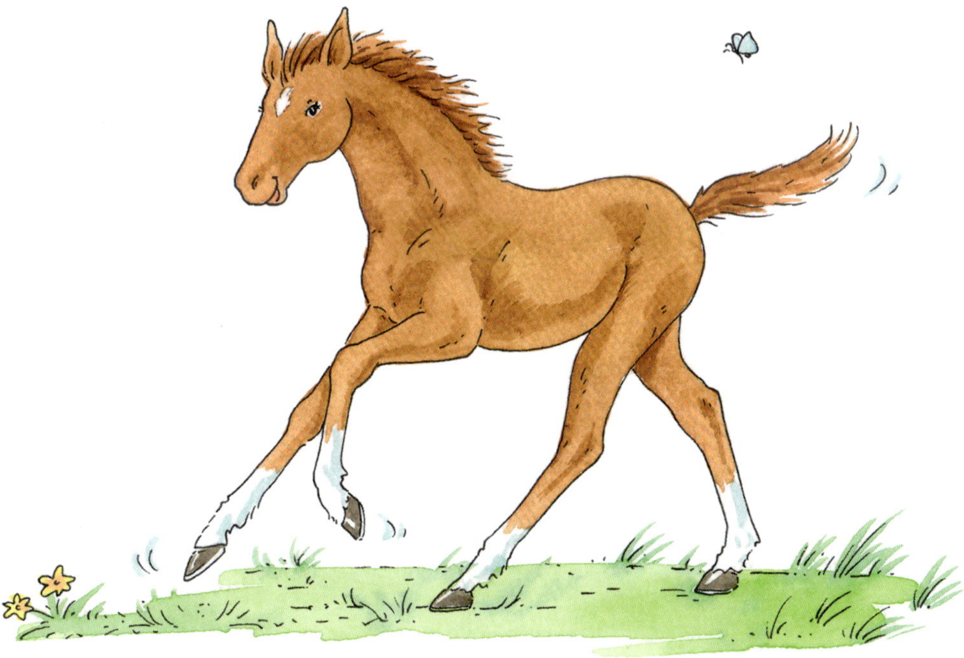

FISCHER Duden Kinderbuch

Inhalt

Ein Fohlen kommt zur Welt

Überraschung!

Es regnet und regnet.
Paula hat neue Gummistiefel.
Mit süßen Hunden darauf.
Damit tappt sie
durch alle Pfützen.

Papa guckt Paula zu. Er sagt:
„Bald kommt gutes Wetter.
Dann fahren wir weg!“
„Wohin?“, fragt Paula.
„Überraschung“,
grinst Papa.

Papa hat recht.

Am Samstag scheint die Sonne.

„Juchhu!“, ruft Paula.

Sie schnappt ihren Rucksack.

Fröhlich hüpft sie

zum Auto.

Und wohin geht es jetzt?
Mama lächelt: „Überraschung!“
Mehr verrät auch sie nicht.
Da kann Paula
noch so betteln.

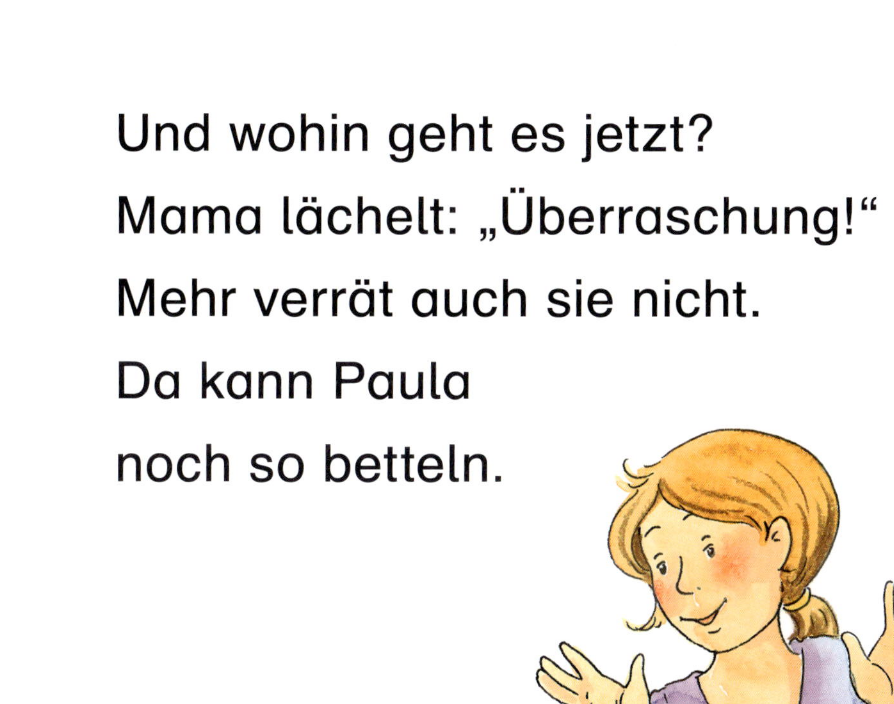

Papa packt gerade
die Taschen ein.
Noch was? Paula stellt schnell
ihre Gummistiefel dazu.
Sicher ist sicher.

Und los!
Mama lenkt das Auto
einen Berg hinauf
und wieder hinunter.
Durch einen großen Wald
geht die Reise weiter.

Plötzlich hat Paula eine Ahnung,
wohin die Fahrt geht.
„Ich glaube, ich weiß es!“,
ruft sie. Aber Mama und Papa
lachen nur.

Und dann entdeckt Paula
einen Bauernhof in der Ferne.
Richtig geraten!
„Wir besuchen Tante Sabine“,
ruft sie.
Ihr Bauch kribbelt vor Freude.

Papa und Mama strahlen.
„Überraschung gelungen?“,
fragen sie.
Paula nickt begeistert.
Sie sieht sich um.
Auf einer Weide spielen
ein paar Pferde Fangen.

Ein Fohlen liegt in der Sonne.
Und zwei Ponys haben sich
besonders gern.
Sie kraulen sich gegenseitig.

Profifrage 1

Was meint das Wort „Pony“ nicht?

- eine Frisur
- einen Bart
- ein kleines Pferd

Hoppla!
Mama tritt auf die Bremse.
Eine Gänsefamilie
watschelt über die Straße.
Paula ruft: „Hey, ihr da!
Links und rechts gucken!“

Noch einmal gut gegangen.
Die Gänsemutter führt
ihre Küken an den Bach.
Schnell tauchen die Kleinen
ins Wasser.
Sie sind so süß!

Besserwisser!

Nun sind sie fast am Hof.
Da ist auch schon Tante Sabine.
Sie läuft dem Auto
mit großen Schritten entgegen.
Die Kälber hinter dem Zaun
traben neugierig mit.

Plötzlich taucht ein Junge hinter Tante Sabine auf. Er winkt mit beiden Armen. Paula wundert sich. Wer ist denn das?

„Hallo, ich heiße David“,
legt er sofort los.
„Wir wohnen jetzt nebenan.
Mein Pony ist auf dem Hof.
Es heißt Schecke.“
Er zeigt auf die Weiden.

„Super!“, sagt Mama.
„Dann hat Paula gleich
jemanden zum Spielen.
Was meinst du, Schatz?“
Paula sagt nichts.
Erst einmal gucken.

„Was macht Lotte?“,
fragt sie ihre Tante.
Das ist Paulas Lieblingspony.
Lotte bekommt ein Fohlen!
„Der geht es super“,
mischt sich David ein.

„Mein Papa ist Tierarzt“,
erklärt er.
„Er passt auf Lotte auf.“
Er nimmt Paulas Hand
und zieht sie einfach mit
zum Pferdestall.

Im Stall ist es ruhig.
Paula atmet tief ein.
Hmm, riecht das gut hier.
Paula hört ein leises Wiehern.
Das kann nur Lotte sein.

Lottes Bauch ist kugelrund.
Die Stute schaut Paula
aus großen braunen Augen an.
„Hallo, Lotte“, sagt Paula.
Sie nimmt eine Möhre
und füttert ihre Freundin.

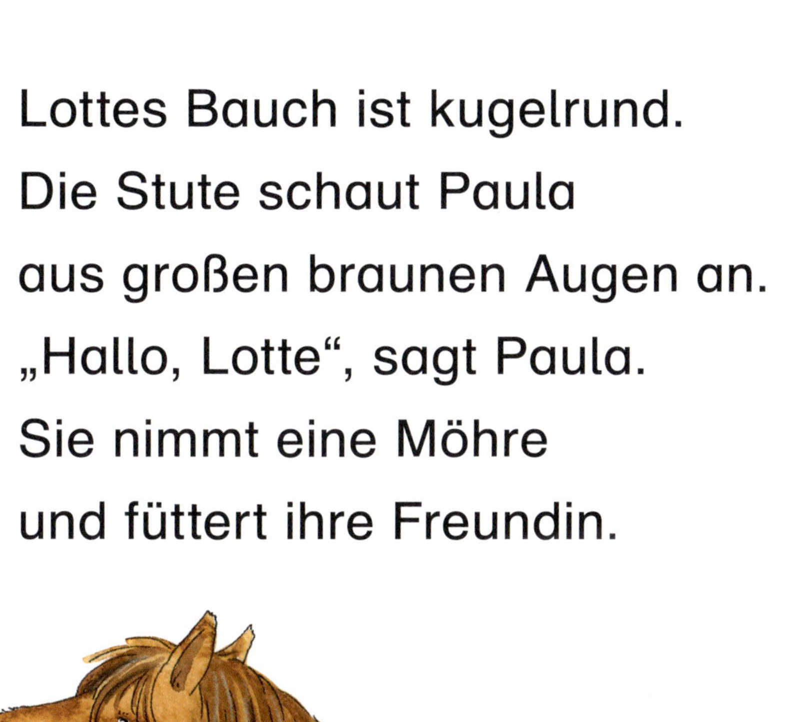

Lotte stupst Paula sanft.
Das kitzelt!
Paula kichert und
streichelt Lottes Nüstern.
Die Stute schnaubt.
Paula strahlt: „Bist du lieb!“

Profifrage 2

Was streichelt Paula?

- Lottes Ohren
- Lottes Nasenlöcher
- Lottes Maul

David gibt Lotte einen Apfel.
„Den mag sie noch lieber“,
sagt er.
Aber Lotte dreht den Kopf weg.
„Satt“, grinst Paula.
Sie kennt Lotte eben besser!

Paula drückt ihr Gesicht
gegen Lottes warmen Hals.
Sie flüstert:
„Ich möchte so gerne
das kleine Fohlen sehen.“

„Fohlen kommen
in einer Blase zur Welt“,
erklärt David
in die Stille hinein.
„Na und?“, ruft Paula.
Sie rennt einfach davon.

Paula besucht die Hühner.
David ruft: „Warte doch!“
Aber Paula ist wütend.
Sie schnaubt wie ein Pony.
„Lass mich in Ruhe,
du Besserwisser!“

Profifrage 3

Paula mag David nicht. Warum?

- weil er alles besser weiß
- weil er alles besser kann
- weil er Lotte besser kennt

Schnell trabt sie zur Wiese.
Da sind immer wilde Kaninchen.
David holt sie atemlos ein.
„Weißt du was? Papa sagt,
das Fohlen kommt bald."

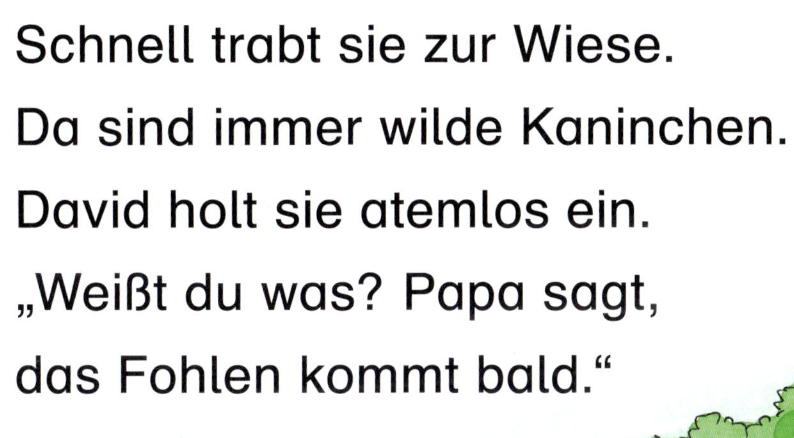

Paulas Herz macht
einen kleinen Hops vor Freude.
Hoffentlich morgen!
Aber sie sagt nur: „Na und?“
„Zicke!“, ruft David.
Und weg ist er!

Ein neuer Freund

Nach einer Weile ist es Paula ziemlich langweilig.
Sie hat alles gesehen.
Nur Davids Pony noch nicht.
Aber von David und Schecke keine Spur.

„Guck mal, da kommt er“,
ruft Tante Sabine.
Oh ja! Da trabt David
auf Schecke auf den Hof.
Schecke sieht lustig aus
mit den braunen Flecken.

David steigt ab.
„Dein Pony ist echt süß“,
gibt Paula zu. Sie lächelt.
„Finde ich auch“, lacht David.
Paula steckt eine Blume
in Scheckes Mähne.

Den ganzen Nachmittag
spielen die zwei mit Schecke.
Bis David
zum Abendessen muss.
Schade! David ist doch
ganz in Ordnung.

Profifrage 4

An welcher Stelle in der Geschichte ändert Paula ihre Meinung über David?

- als es ihr zu langweilig wird
- als ihr Herz einen Hops macht
- als David sie einholt

Der große Wunsch

In der Nacht wird Paula wach.
Sie denkt an Lotte.
Wann wohl das Fohlen kommt?
Am Himmel stehen viele Sterne.
Da, eine Sternschnuppe!
Paula wünscht sich …

Ist sie noch mal eingeschlafen?
Plötzlich steht Mama am Bett.
Nanu! Daneben steht David!
„Das Fohlen ist da", ruft er.
„Mein Papa ist gerade noch
rechtzeitig dazugekommen."

Das Fohlen liegt im Stroh.

Es ist noch ganz nass.

Lotte leckt es trocken.

Im Stall kniet ein Mann.

Er lächelt und legt den Finger an die Lippen. Davids Vater!

Nun will das Fohlen aufstehen.
Seine langen Beine wackeln.
Es schwankt.
Davids Knie zittern mit.
Paula nimmt seine Hand
und drückt sie ganz fest.

Unsicher geht das Fohlen los
und stupst Lotte am Bauch.
Wenn da mal keine Milch ist!
Auf der Stirn hat das Kleine
einen weißen Stern.
Paulas Herz hüpft vor Freude.

Das Kleine ist wohl
heute Nacht
vom Himmel gefallen.
Und deshalb
wird es Schnuppe heißen!

Ein Fohlen geht zur Schule

Vorfreude

Paula freut sich riesig.
Tante Sabine hat Geburtstag.
Darum gibt es ein großes Fest
auf Sabines Bauernhof.
Mama, Papa und Paula
fahren im Auto zu ihr.

„Mein Geschenk für Sabine ist am schönsten“, ruft Paula von der Rückbank.
„Zeig doch mal“, sagt Papa.
„Nö“, grinst Paula.
Das ist geheim!

„Bald siehst du
deinen Freund David wieder“,
sagt Mama.
Paula strahlt. „Und Schnuppe.“
Ihr liebstes Fohlen ist sicher
richtig groß geworden.

Bei Paulas letztem Besuch
auf dem Bauernhof
kam Schnuppe auf die Welt.
Mitten in der Nacht!
David war auch dabei.
Und viele Sternschnuppen.

„Ich seh den Schornstein“,
ruft Paula. „Wir sind da.“
Mama lenkt das Auto
auf den Hof.
Der Hahn kräht laut
und die Hühner gackern.

Paula bewundert
die Ponys auf der Weide.
Die alte Katze
schläft in der Sonne.
Aber wo ist Schnuppe?
Nirgends zu sehen.

Profifrage 5

Was sieht Paula schon von Weitem?

- den Hahn
- die Hühner
- den Schornstein

Das große Wiedersehen

Tante Sabine wartet schon
vor der Tür.
Paula hüpft aus dem Auto
in Tante Sabines Arme.
„Ich habe ein Geschenk für dich.
Willst du es sehen?“

Paula kann nicht mehr warten.
Sie holt das Bild hervor.
„Schnuppe mit Mama Lotte!“,
sagt sie stolz.
„Toll“, freut sich die Tante.

Ein Junge guckt um die Ecke.
„Hallihallo", grinst er.
Paula staunt.
Ist David gewachsen?
Auf einmal
ist sie ganz schüchtern.

Sie versteckt sich
hinter Mama.
„Paula, komm mit“,
ruft David.
„Schnuppe wartet schon!“
Er nimmt Paula an die Hand.

Schnuppe grast
auf einer kleinen Koppel.
Zwei andere Fohlen spielen.
Ein paar Stuten sonnen sich.
„Da fehlt ja Mama Lotte“,
wundert sich Paula.

„Schnuppe geht bei den Pferden
in die Fohlenschule“,
sagt David.
„Aber nachts ist sie
bei ihrer Mama.“
Paula staunt.

Sie laufen auf die Koppel.
Paula drückt ihre Wange
an Schnuppes Fell.
„Hallo“, flüstert sie.
„Du bist so schön warm.“
Das Fohlen schnaubt leise.

„Schnuppe kennt mich noch“, freut sich Paula. Sie pflückt eine Blume und füttert Schnuppe damit. Das Fohlen stößt Paula an. Es will noch mehr davon.

Die Fohlenschule

Der Pferdepfleger taucht auf.
„Hallo, ich bin Hans.“
„Gibt es jetzt Kuchen?“,
ruft David. Hans lacht.
Nein. Das dauert noch.

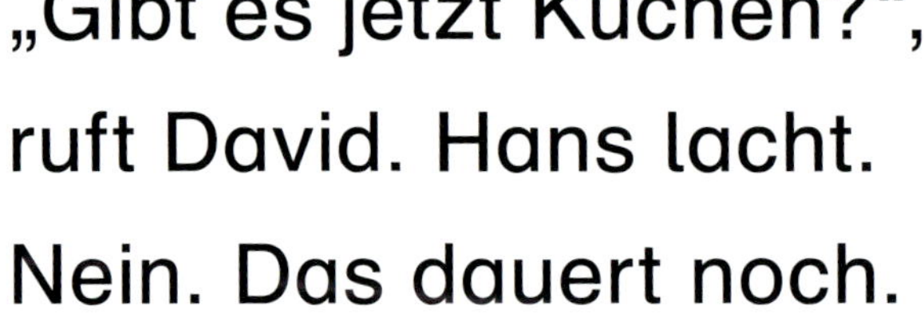

Hans sagt:
„Schnuppe lernt schon,
am Führstrick zu gehen.
Wollt ihr mithelfen?“
Paula nickt aufgeregt.

Hans legt das Halfter
um Schnuppes Kopf.
Dann hakt er den Strick ein.
„Niemals zerren“, warnt er.
„Sonst kriegt sie Angst.“

Das Fohlen folgt ihnen
brav über die Koppel.
Paulas Herz hüpft vor Freude.
„Klappt ja prima!“, jubelt sie.
„Magst du Schnuppe bürsten?“,
fragt Hans.

Das ist ganz leicht.
Und Schnuppe hat auch Spaß.
Sie wiehert freudig.
„Jetzt machen wir sie hübsch“,
sagt Hans.
„Für die Party.“

Er zieht viele bunte Bänder
aus einem Beutel.
„Kannst du Schleifen binden?“,
fragt er.
„Na klar“, ruft Paula.
Sie ist doch schon groß!

David hilft auch mit.
Zum Schluss bindet er Paula
eine rote Schleife
in die Haare.
„Jetzt seid ihr Geschwister",
lacht er. „Komm, wir toben."

Übermütig spielen sie
mit Schnuppe.
Die Mähne des Fohlens
fliegt hin und her.
„Schnuppe geht es prima“,
freut sich Paula.

„Ich kann nicht mehr“,
ruft Paula irgendwann.
Sie setzt sich außer Puste
ins weiche Gras.
Sie schaut zu, wie Schnuppe
die älteren Pferde nachahmt.

Ein Schimmel frisst Rinde.
Auch Schnuppe frisst Rinde.
Zwei Ponys knabbern sich
gegenseitig am Fell.
Schnuppe probiert das
am eigenen Fell aus.

Paula kriegt einen Lachanfall.
„Ist doch normal“, sagt David.
„Sie lernt von den Älteren.
Genau wie wir Schulkinder.
Sie geht auch zur Schule.“

Paula runzelt die Stirn.
David weiß wieder alles besser.
Wie bei Paulas letztem Besuch.
„Ich sage Lotte Guten Tag“,
sagt sie und rennt zum Stall.

Profifrage 7

Warum runzelt Paula die Stirn?

- Sie hat David nicht verstanden.
- Sie ärgert sich ein bisschen.
- Sie wundert sich.

Schnuppe reißt aus

„Hallo, Lotte“, ruft Paula.
Lotte hebt den Kopf
und wiehert zurück.
Schnuppe spitzt die Ohren
und wiehert auch.
Dann trabt sie los.

Das Gatter ist noch offen.

Paula hat es nicht zugemacht.

Schnuppe stürmt hinaus.

„Stopp“, ruft Hans.

Vergeblich!

Schnuppe schnaubt.
Sie will zu ihrer Mutter.
Niemand kann sie aufhalten.
Sie tritt einen Wassereimer um
und nimmt den kurzen Weg
durch die Scheune.

In der Scheune ist der Tisch
schon wunderschön gedeckt.
Die Schokotorte sieht
köstlich aus.
Gerade stellt Tante Sabine
die Kirschtorte dazu.

Da taucht Schnuppe auf.
Der Schlingel probiert
gleich mal die Schokolade.
Schnuppe schüttelt sich.
Pfui, ist wohl gar nicht lecker.
Schmeckt die Kirschtorte besser?

„Hilfe!“, ruft Tante Sabine und
will die Torte retten.
Erschrocken galoppiert
Schnuppe auf und davon.
Geradewegs
in das kleine Wäldchen!

„Oh nein. Komm, Paula!“
Tante Sabine steigt mit Paula auf Lottes Rücken.
Paula muss kichern.
„Echt frech, meine Schnuppe!“
Sie reiten dem Fohlen nach.

Wenig später entdeckt Paula Schnuppe an einem Bach. „Du Ausreißer“, ruft Paula. Sie steigen eilig ab. Paula umarmt Schnuppe froh und Lotte kuschelt mit.

Profifrage 8

Was ist Schnuppe?

- ein Aufreißer
- ein Ausreißer
- ein Abreißer

Brav folgt Schnuppe seiner
Mama zurück in den Stall.
Alle lachen jetzt
über den Torten-Unfall.
Am lautesten lacht Paula.
Zum Glück ist noch Torte da.

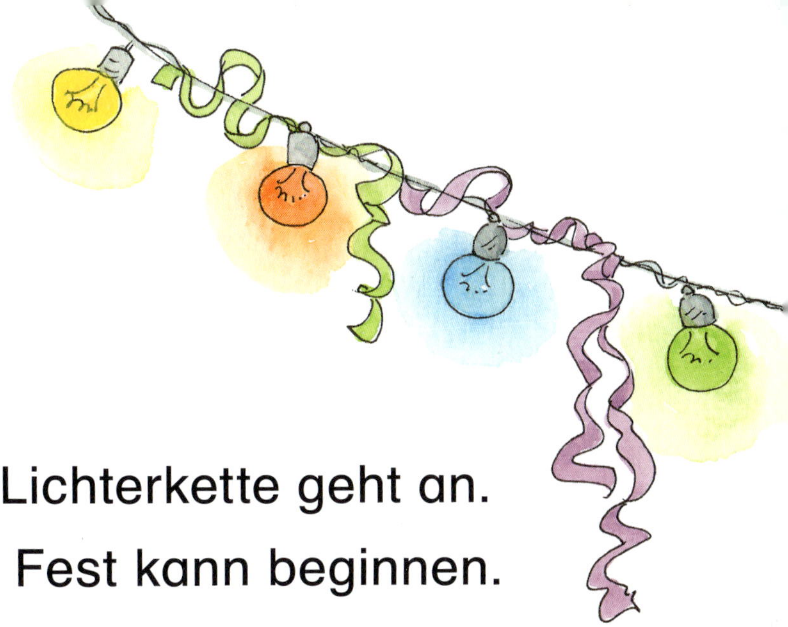

Die Lichterkette geht an.
Das Fest kann beginnen.
Puh! Alles gut gegangen.
Paula und David essen Torte
und erzählen sich viel.

Und Schnuppe?
Die bleibt heute bei Lotte.
Auch große Kinder
brauchen manchmal ihre Mama.

Für Vollprofis

Jetzt sind die Geschichten zu Ende.
Hier geht's mit Aufgaben für Vollprofis weiter!
Die Lösungen findest du ab Seite 88.

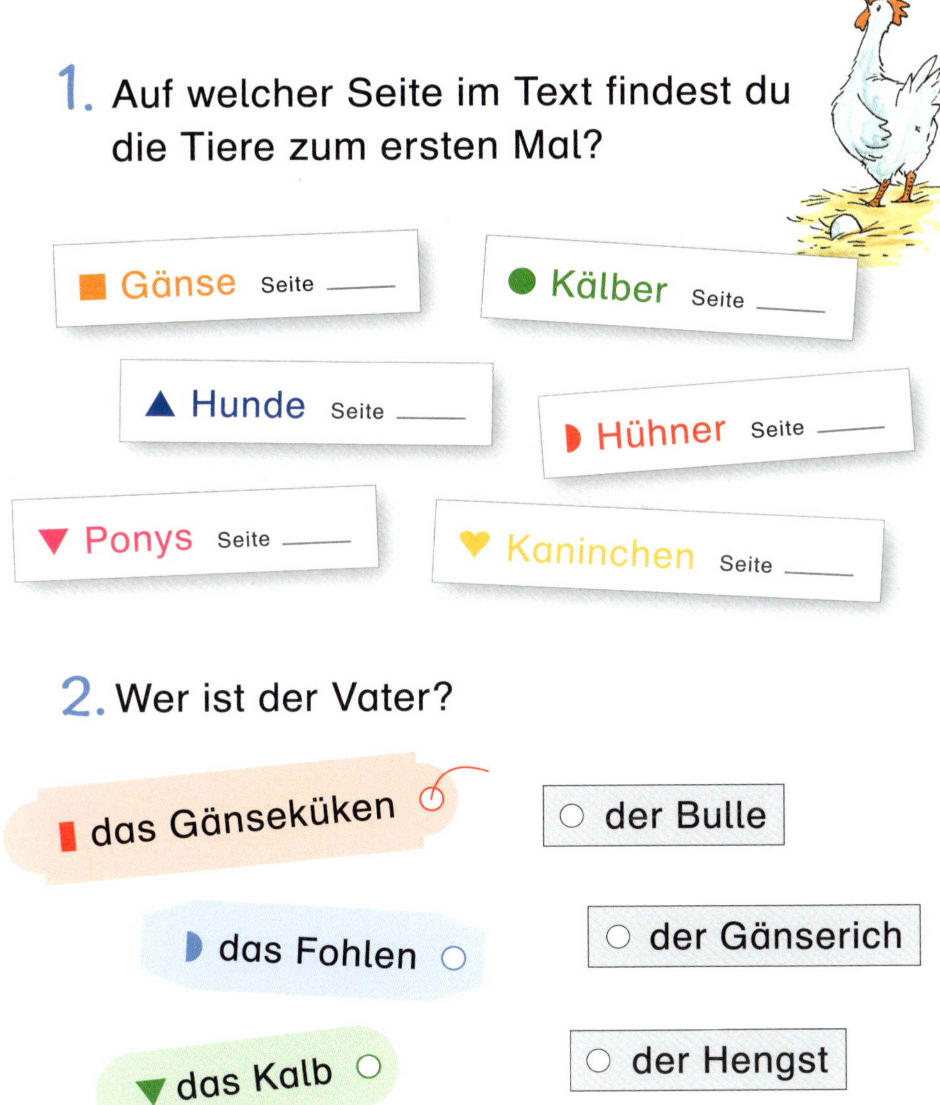

1. Auf welcher Seite im Text findest du die Tiere zum ersten Mal?

- ■ Gänse Seite ____
- ● Kälber Seite ____
- ▲ Hunde Seite ____
- ◗ Hühner Seite ____
- ▼ Ponys Seite ____
- ♥ Kaninchen Seite ____

2. Wer ist der Vater?

- ▮ das Gänseküken ○
- ◗ das Fohlen ○
- ▼ das Kalb ○

- ○ der Bulle
- ○ der Gänserich
- ○ der Hengst

Für Vollprofis

3. Für Pferdekenner! Kannst du die Körperteile des Pferdes zuordnen?

4. Ja oder nein?

	ja	nein
Enten laufen über die Straße.		
Paulas Tante heißt Sandra.		
David wohnt neben dem Bauernhof.		
Schnuppe mag Schokolade.		
Schecke ist das Pony von David.		

5. Kannst du die Lesepyramide weiterbauen?

Stern
Sternschnup
Sternschnuppen

____

____

____

____

____

____

6. Sieh dir das Bild auf Seite 75 an.
Findest du die Unterschiede?

Für Vollprofis

7. Welchen Weg nimmt Schnuppe in der 2. Geschichte?

8. Was sind keine Pferdewörter?

9. Wer ist das Kind?

Herzlichen Glückwunsch!

Geschafft. Jetzt bist du ein echter Leseprofi! Noch mehr spannende Bücher findest du unter www.duden-leseprofi.de

Lösungen

1. ■ Seite 18
   ● Seite 20
   ▲ Seite 8
   ◗ Seite 32
   ▼ Seite 17
   ♥ Seite 33

2. ▮ der Gänserich
   ◗ der Hengst
   ▼ der Bulle

3.

4.

	ja	nein
Enten laufen über die Straße.		X
Paulas Tante heißt Sandra.		X
David wohnt neben dem Bauernhof.	X	
Schnuppe mag Schokolade.		X
Schecke ist das Pony von David.	X	

5. Zum Beispiel:

Stern
Sternschnup
Sternschnuppen
Sternschnuppenre
Sternschnuppenregen
Sternschnuppenregenbo
Sternschnuppenregenbogen
Sternschnuppenregenbogenfar
Sternschnuppenregenbogenfarben

6. 

7. 1 Koppel, 2 Scheune, 3 Wäldchen, 4 Bach, 5 Stall

8. Frühstück und stricken sind keine Pferdewörter.

9. ▼ das Fohlen
   ♥ das Küken
   ▮ das Ferkel
   ● das Kalb

So kannst du dir ganz leicht dein Lesezeichen als Lösungsschlüssel basteln:

1. Schneide das Lesezeichen auf der nächsten Seite sorgfältig an den Rändern entlang mit einer Bastelschere aus und falte es in der Mitte an der Linie.

2. Klebe die beiden Seiten fest zusammen. Wenn du möchtest, kannst du zur Verstärkung noch eine Pappe dazwischenkleben.

3. Fertig ist dein Lösungsschlüssel! Für jede Antwort findest du ein Puzzleteil. Wenn es zum Puzzle auf dem Lesezeichen passt, ist die Antwort richtig!

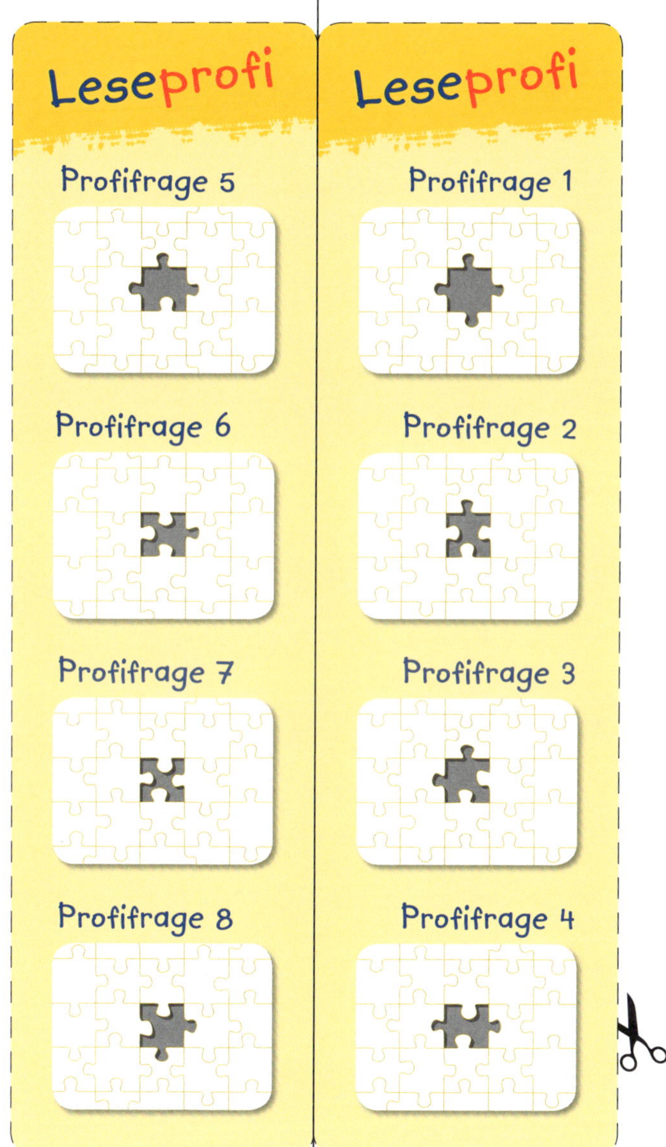
Leseprofi
Profifrage 5
Profifrage 6
Profifrage 7
Profifrage 8
Leseprofi
Profifrage 1
Profifrage 2
Profifrage 3
Profifrage 4

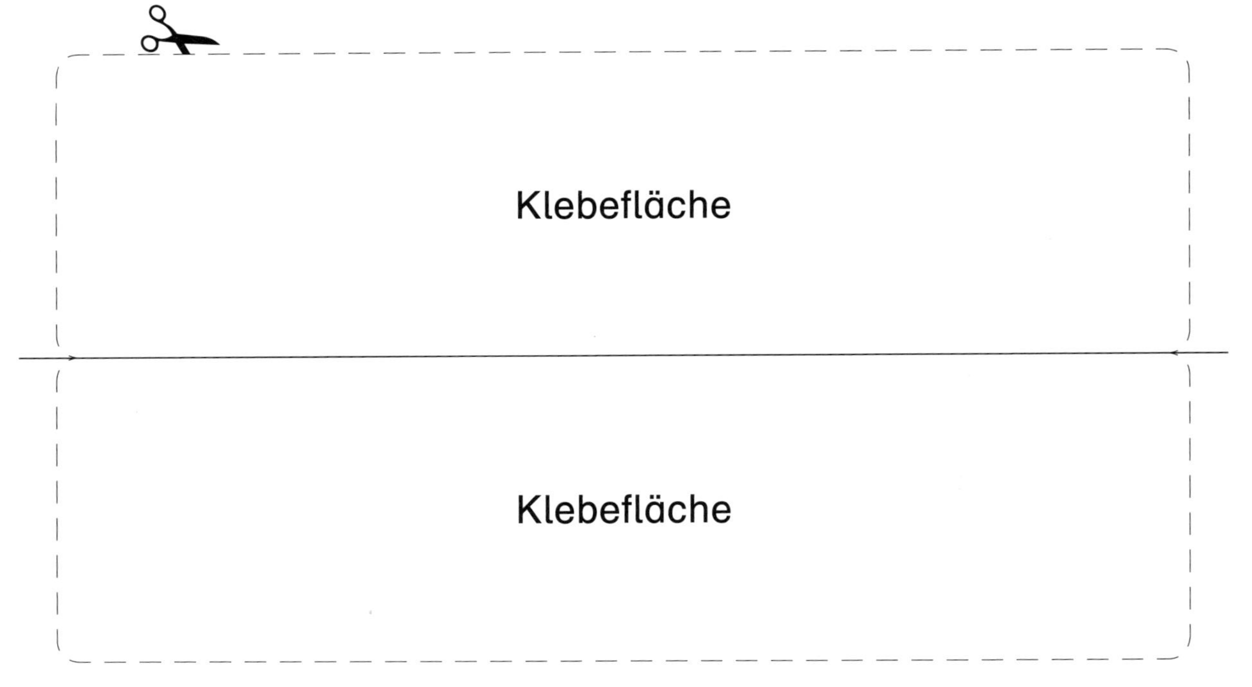
Klebefläche
Klebefläche